Inteligê
Agricultura vertical
Drones
Blockchain
Sensoriamento
IoT no campo

GUIA DEFINITIVO

Inovações Tecnológicas na Agricultura

Guilherme Duaik

"A agricultura moderna precisa abraçar as inovações tecnológicas como aliadas, pois somente através da ciência e da tecnologia poderemos alimentar o mundo de forma sustentável e eficiente." - Bill Gates

Prólogo

Nosso mundo está em constante evolução, e a agricultura não é exceção. A busca incessante por soluções inovadoras para alimentar uma população global crescente, de forma sustentável e eficiente, tem impulsionado uma revolução tecnológica no setor agrícola. Este e-book mergulha em um universo de possibilidades, onde a inteligência artificial, a internet das coisas (IoT), os drones, a robótica e o sensoriamento remoto se unem às atividades agrícolas tradicionais. Juntos, esses avanços tecnológicos estão transformando a forma como produzimos alimentos, otimizando processos, aprimorando a tomada de decisões e abrindo portas para um futuro agrícola promissor.

Neste prólogo, convidamos você a embarcar em uma jornada pela agricultura do século XXI, onde a ciência, a inovação e a criatividade se entrelaçam para enfrentar os desafios contemporâneos da produção de alimentos em escala global.

Ao longo das páginas deste e-book, exploraremos as inovações tecnológicas que estão moldando o cenário agrícola atual e como elas podem influenciar positiva ou negativamente as comunidades rurais, os trabalhadores do campo e os ecossistemas. Além disso, abordaremos as questões éticas fundamentais relacionadas à privacidade, propriedade intelectual e à busca por uma adoção responsável das tecnologias.

Nossa jornada não se limitará apenas a uma análise superficial das tecnologias agrícolas. Iremos aprofundar nossos conhecimentos e enxergar além do horizonte, explorando os potenciais benefícios para o agronegócio brasileiro e as estratégias para promover uma agricultura mais ética, sustentável e equitativa.

Mais do que um registro de avanços tecnológicos, este e-book será um convite à reflexão sobre o futuro da agricultura. Acreditamos que a ciência e a inovação são aliadas poderosas, mas reconhecemos que a preservação das tradições, dos valores humanos e do meio ambiente são pilares fundamentais para a construção de um setor agrícola verdadeiramente resiliente e responsável.
Por isso, convidamos você a embarcar nesta jornada conosco.

Seja protagonista dessa revolução, contribuindo para o desenvolvimento de uma agricultura mais inteligente e sustentável, que alimente o mundo sem esquecer dos pilares essenciais de nossa existência.

Vamos juntos cultivar um futuro promissor, onde a tecnologia e a ética na agricultura se unem para semear sementes de prosperidade, responsabilidade ambiental e respeito pelas nossas raízes culturais.
Bem-vindo à era das Inovações Tecnológicas na Agricultura!

Ofereço esse livro ao meu filho Vitor de 5 anos

INTRODUÇÃO ÀS INOVAÇÕES TECNOLÓGICAS NA AGRICULTURA...............7

AGRICULTURA DE PRECISÃO E MONITORAMENTO AVANÇADO 9

INTELIGÊNCIA ARTIFICIAL NA AGRICULTURA...............12

INTERNET DAS COISAS (IOT) NO CAMPO...............22

ROBÓTICA E AUTOMAÇÃO AGRÍCOLA...............28

BLOCKCHAIN E RASTREABILIDADE NA CADEIA AGROALIMENTAR...............31

AGRICULTURA VERTICAL E INDOOR 36

TECNOLOGIAS PARA CONSERVAÇÃO DE ÁGUA E IRRIGAÇÃO INTELIGENTE 46

BIG DATA NA ANÁLISE DE DADOS AGRÍCOLAS 56

BIOECONOMIA E BIOTECNOLOGIA NO AGRONEGÓCIO 58

DESAFIOS E CONSIDERAÇÕES ÉTICAS DAS TECNOLOGIAS AGRÍCOLAS INTRODUÇÃO ÀS INOVAÇÕES TECNOLÓGICAS NA AGRICULTURA 68

CONCLUSÃO 77

Capítulo 1

Introdução às Inovações Tecnológicas na Agricultura

O papel da tecnologia na evolução do agronegócio e os benefícios e desafios do uso

No início deste e-book, mergulharemos na essência das inovações tecnológicas na agricultura e sua impactante evolução no agronegócio. Veremos como a tecnologia tem se tornado uma aliada indispensável para impulsionar a produtividade e a sustentabilidade no campo, ao mesmo tempo em que enfrenta desafios únicos.

Entendendo o Agronegócio do Século XXI: Exploraremos a crescente importância do agronegócio no cenário global, destacando seu papel vital na segurança alimentar e na economia. Analisaremos como a tecnologia se tornou uma peça-chave para o desenvolvimento e aprimoramento do setor agrícola, moldando-o para enfrentar os desafios do século XXI.

O Papel Transformador da Tecnologia na Agricultura: Neste tópico, examinaremos como a tecnologia tem revolucionado as práticas agrícolas tradicionais. Desde o advento da agricultura de precisão até a aplicação de inteligência artificial e análise de dados, exploraremos como essas inovações têm permitido uma gestão mais eficiente e inteligente das atividades agrícolas.

Benefícios do Uso de Tecnologia na Agricultura: Destacaremos os inúmeros benefícios que a tecnologia trouxe para o agronegócio. Discutiremos como o uso de drones, sensores e dispositivos inteligentes tem melhorado a tomada de decisões, aumentado a produtividade e reduzido o desperdício, tornando a agricultura mais eficiente e rentável.

Desafios e Obstáculos: Abordaremos também os desafios e obstáculos enfrentados ao adotar tecnologias na agricultura. Desde questões relacionadas à infraestrutura até a necessidade de capacitação e acesso à tecnologia em áreas rurais, examinaremos as barreiras que precisam ser superadas para alcançar uma adoção mais ampla e inclusiva.

Importância da Sustentabilidade: Destacaremos a relevância da sustentabilidade no contexto da agricultura tecnológica. Veremos como a tecnologia pode ser uma aliada na preservação dos recursos naturais, no uso responsável de insumos e na promoção de práticas agrícolas mais amigáveis ao meio ambiente.

Ao final deste capítulo, teremos uma visão mais abrangente das inovações tecnológicas na agricultura, compreendendo seu papel transformador no agronegócio, os benefícios que traz e os desafios que ainda precisam ser enfrentados. Com essa base sólida, estaremos preparados para explorar as demais facetas da agricultura tecnológica ao longo deste e-book.

Capítulo 2

Agricultura de Precisão e Monitoramento Avançado

Conceitos fundamentais de agricultura de precisão, uso de drones e sensores para monitoramento e aplicação de GPS na agricultura

Neste capítulo, mergulharemos no emocionante mundo da agricultura de precisão e do monitoramento avançado. Veremos como essas práticas inovadoras estão transformando a maneira como os agricultores conduzem suas atividades, permitindo um gerenciamento mais eficiente e inteligente das lavouras.

Conceitos fundamentais de agricultura de precisão: Agricultura de precisão é uma abordagem agrícola que utiliza tecnologias avançadas para compreender e atender às necessidades específicas de cada parte do campo, considerando suas particularidades e demandas. Exploraremos os conceitos-chave dessa metodologia, incluindo a coleta de dados detalhados, a análise de informações e a tomada de decisões baseada em dados precisos.

Uso de drones e sensores para monitoramento de culturas: Veremos como os drones se tornaram ferramentas essenciais na agricultura moderna, fornecendo imagens aéreas detalhadas e coletando informações sobre o estado das culturas em tempo real. Além disso, abordaremos o papel dos sensores integrados ao solo, às máquinas agrícolas e aos dispositivos vestíveis que fornecem dados valiosos sobre as condições do campo.

Aplicação de GPS e georreferenciamento na agricultura: Exploraremos como a tecnologia de posicionamento global (GPS) e o georreferenciamento têm sido amplamente aplicados na agricultura de precisão. Veremos como o uso dessas tecnologias permite um mapeamento detalhado do campo, facilitando a identificação de áreas específicas para intervenções e melhorias, bem como a otimização do uso de recursos como sementes, fertilizantes e defensivos agrícolas.

A imagem retrata um drone equipado com câmeras sobrevoando uma extensa plantação. O drone está capturando imagens de alta resolução e coletando dados sobre as condições das culturas. Essas informações são transmitidas em tempo real para um sistema de análise, onde os agricultores podem visualizar e interpretar os dados.

O uso do drone e dos sensores no campo permite um monitoramento detalhado das plantações, fornecendo informações vitais para a tomada de decisões estratégicas e ações precisas.

Essa imagem reflete a importância do uso de drones e sensores para a agricultura de precisão, destacando como essas tecnologias avançadas estão proporcionando insights valiosos aos agricultores para otimizar suas operações e maximizar a produtividade agrícola.

Capitulo 3

Inteligência Artificial na Agricultura

Aplicações de IA para previsão climática e análise de safras e gestão integrada de pragas e doenças

Neste capítulo, mergulharemos no emocionante mundo da Inteligência Artificial (IA) aplicada à agricultura. Veremos como a IA está revolucionando a tomada de decisões agrícolas por meio de suas diversas aplicações práticas. Discutiremos como a IA está sendo utilizada para melhorar a previsão climática, analisar safras, otimizar o cultivo de plantas e gerenciar pragas e doenças de forma integrada.

Aplicações de IA para previsão climática e análise de safras: A IA está sendo empregada para analisar grandes volumes de dados climáticos, possibilitando previsões mais precisas e detalhadas.

Essas previsões podem auxiliar os agricultores no planejamento e no gerenciamento das lavouras, ajudando-os a tomar decisões mais informadas sobre o momento ideal de plantio, irrigação e colheita.

Nesta imagem, podemos visualizar um sistema de previsão climática avançado que faz uso de algoritmos de IA para analisar dados meteorológicos e agrícolas em tempo real.

A IA é capaz de identificar padrões climáticos complexos e relacioná-los ao desenvolvimento das safras, fornecendo aos agricultores informações valiosas sobre as condições ambientais e ajudando-os a se prepararem para possíveis eventos climáticos adversos.

Sistemas de suporte à decisão baseados em IA para otimização de culturas:

Abordaremos como os sistemas de suporte à decisão baseados em IA podem ajudar os agricultores a otimizar o cultivo de suas lavouras.

A IA pode recomendar o uso ideal de insumos agrícolas, como fertilizantes e pesticidas, levando em consideração as características específicas de cada área da plantação.

Inteligência Artificial (IA) pode ajudar os agricultores a descobrir a quantidade certa de coisas como fertilizantes e pesticidas para colocar nas plantações. Isso é importante porque diferentes partes do campo podem precisar de quantidades diferentes desses produtos.

Imagine que você está cuidando de um jardim gigante. Você não pode simplesmente jogar a mesma quantidade de água em todos os lugares, certo? Algumas partes podem estar mais secas, outras mais úmidas. A IA funciona de maneira parecida, mas com fertilizantes e pesticidas.

Aqui está como a IA pode fazer isso:

Coleta de Informações: Primeiro, a IA reúne muitos dados sobre a plantação. Isso inclui coisas como o tipo de solo, o clima da região e até mesmo a saúde das plantas.

Análise dos Dados: A IA analisa todos esses dados para entender como a plantação está se comportando em diferentes áreas. Ela procura por padrões, como partes do campo que podem precisar de mais nutrientes ou estar mais propensas a pragas.

Aprendizado: A IA usa esses padrões para aprender qual quantidade de fertilizantes ou pesticidas é melhor para cada área. Ela começa a entender que, por exemplo, a parte ensolarada pode precisar de mais água e a parte mais sombreada pode precisar de menos.

Recomendações Personalizadas: Depois de aprender, a IA pode dar sugestões aos agricultores. Ela pode dizer algo como: "Nas áreas A e B, coloque um pouco mais de fertilizante, e nas áreas C e D, use menos pesticida."

Acompanhamento: A IA continua a observar como as plantas reagem às sugestões ao longo do tempo. Se perceber que uma área ainda não está indo bem, ela pode ajustar as recomendações.

Isso ajuda os agricultores a economizar dinheiro e a cuidar das plantas de forma mais eficiente. Em vez de usar muitos produtos em todos os lugares, eles podem usar a quantidade certa onde é realmente necessário. Assim, a plantação fica mais saudável e o ambiente também agradece, porque menos produtos químicos são usados. É como ter um assistente inteligente para ajudar os agricultores a tomar as melhores decisões para suas plantas!

Nesta imagem, podemos observar um agricultor utilizando um sistema computadorizado que usa IA para receber recomendações personalizadas sobre o manejo das culturas.

O sistema considera dados sobre a qualidade do solo, histórico da plantação e condições climáticas para fornecer orientações precisas sobre o momento ideal de aplicar fertilizantes e outros insumos, maximizando o rendimento da colheita e minimizando o desperdício de recursos.

Machine learning na gestão integrada de pragas e doenças: Discutiremos como a aplicação de técnicas de machine learning pode revolucionar a gestão integrada de pragas e doenças nas lavouras. Veremos como algoritmos de IA podem ser treinados para identificar padrões de comportamento de pragas e doenças, permitindo que os agricultores adotem medidas preventivas e corretivas de forma mais eficiente e precisa.

Algoritmos de Inteligência Artificial (IA) podem desempenhar um papel crucial na detecção e prevenção de pragas e doenças em agricultura. Aqui estão os passos gerais de como esses algoritmos podem ser treinados para identificar padrões de comportamento de pragas e doenças, permitindo que os agricultores adotem medidas preventivas e corretivas de forma mais eficiente e precisa:

Coleta de Dados: O primeiro passo é coletar dados relevantes. Isso pode incluir informações sobre plantações, condições climáticas, padrões de infestação de pragas, tipos de doenças, etc. A qualidade e a quantidade de dados são essenciais para treinar algoritmos eficazes.

Preparação de Dados: Os dados coletados geralmente precisam ser limpos e processados para remover ruídos e inconsistências. Isso pode envolver normalização, tratamento de dados ausentes e transformações para formatos adequados para análise.

Seleção de Recursos: Determinar quais características ou variáveis dos dados são mais relevantes para a detecção de pragas e doenças. A seleção de recursos pode envolver técnicas estatísticas ou algoritmos de aprendizado de máquina para identificar os atributos mais informativos.

Escolha do Modelo de IA: Dependendo da natureza dos dados e do problema, diferentes tipos de modelos de IA podem ser escolhidos. Alguns exemplos incluem Redes Neurais Convolucionais (CNNs) para imagens de plantas, Algoritmos de Agrupamento para detecção de padrões em grandes conjuntos de dados, e Algoritmos de Classificação para identificar tipos específicos de pragas ou doenças.

Treinamento do Modelo: Nesta etapa, o modelo é alimentado com os dados preparados e as saídas esperadas (rótulos) correspondentes. O algoritmo ajusta seus parâmetros para aprender a relacionar os dados de entrada com as saídas corretas.

Validação e Ajuste: É importante avaliar a eficácia do modelo em dados não vistos (conjunto de validação). Isso ajuda a identificar se o modelo está generalizando bem ou se está sobreajustando aos dados de treinamento. Ajustes podem ser

feitos nos hiperparâmetros do modelo para melhorar seu desempenho.

Teste e Avaliação: Uma vez que o modelo é treinado e ajustado adequadamente, ele é testado em um conjunto separado de dados que nunca foi visto antes (conjunto de teste). Isso ajuda a avaliar seu desempenho real em condições reais.

Implementação em Tempo Real: Uma vez que o modelo é validado e considerado eficaz, ele pode ser implantado para monitorar constantemente as plantações em tempo real. Pode ser integrado a sensores e sistemas de monitoramento para detectar sinais de infestação ou doença.

Feedback e Aprimoramento Contínuo: Com o tempo, o modelo pode ser ajustado com base no feedback contínuo e novos dados coletados. Isso permite que o modelo se adapte a padrões de comportamento em evolução das pragas e doenças.

Intervenção Humana: Embora os algoritmos de IA possam detectar padrões, a intervenção humana ainda é crucial. Os agricultores podem usar as informações fornecidas pelos modelos para tomar decisões informadas sobre medidas preventivas e corretivas.

No geral, a combinação de IA com a expertise dos agricultores pode levar a uma detecção mais precisa e uma resposta mais rápida a pragas e doenças, contribuindo para uma agricultura mais sustentável e eficiente.

Nesta imagem, podemos ver um sistema de monitoramento de pragas e doenças que utiliza técnicas de machine learning para identificação e controle. Câmeras e sensores são instalados nas lavouras para capturar dados sobre a presença de pragas e doenças.

"Melhoramento Genético de Plantas" com o uso da Inteligência Artificial (IA).

O melhoramento genético de plantas é um processo no qual características desejáveis são selecionadas e amplificadas nas plantas para obter variedades mais produtivas, resistentes a doenças, adaptadas ao clima e com outras qualidades importantes. A IA desempenha um papel crucial nesse processo, acelerando e aprimorando a eficiência do melhoramento genético.

Algumas maneiras pelas quais a IA está sendo aplicada no melhoramento genético de plantas:

Análise de Genômica: A IA pode analisar grandes conjuntos de dados genômicos para identificar genes relacionados a características desejáveis, como resistência a pragas, tolerância à seca ou qualidade nutricional.

Predição de Cruzamentos: Com base nos dados genéticos, a IA pode prever quais combinações de plantas têm maior probabilidade de gerar descendentes com características desejadas, otimizando os cruzamentos.

Seleção Assistida por Computador: A IA pode ajudar a selecionar as melhores plantas para reprodução, considerando uma ampla gama de características genéticas e fenotípicas, como altura, produtividade e qualidade.

Simulação de Ambientes Virtuais: A IA pode criar modelos virtuais que simulam diferentes condições ambientais para testar como as plantas se comportariam em diferentes situações, permitindo um melhor entendimento das interações genótipo-ambiente.

Aceleração do Processo de Seleção: A IA pode reduzir o tempo necessário para desenvolver novas variedades, permitindo a triagem rápida e eficaz de combinações genéticas para características desejadas.

Identificação de Marcadores Genéticos: A IA pode encontrar padrões nos dados genéticos que estão associados a características específicas, permitindo a identificação de marcadores genéticos úteis para a seleção.

Melhoramento de Características Complexas: A IA pode lidar com características complexas controladas por muitos genes, permitindo a seleção e combinação mais eficaz desses genes para alcançar as características desejadas.

Mineração de Dados de Herança Genética: A IA pode explorar padrões de herança genética ao longo de várias gerações para entender melhor como as características são transmitidas e como podem ser manipuladas.

No geral, a combinação de IA com técnicas tradicionais de melhoramento genético está acelerando o processo de criação de variedades de plantas mais adaptadas, resistentes e produtivas. Isso é particularmente importante para enfrentar os desafios globais de segurança alimentar em um contexto de mudanças climáticas e aumento da população mundial.

Seleção assistida por computador no melhoramento genético de plantas

A seleção assistida por computador é uma abordagem que combina dados genéticos e informações fenotípicas (observações sobre características físicas e comportamentais) para identificar as melhores plantas para reprodução. A IA desempenha um papel fundamental nesse processo, pois é capaz de analisar grandes volumes de dados de forma rápida e precisa, identificando padrões complexos que seriam difíceis de perceber manualmente.

Aqui estão os principais aspectos da seleção assistida por computador com a ajuda da IA:

Dados Genéticos e Fenotípicos: Para realizar a seleção assistida por computador, são necessários dados genéticos (informações sobre os genes das plantas) e fenotípicos (informações sobre as características observáveis das plantas). Isso pode incluir dados como sequências genômicas, características de crescimento, produtividade, resistência a doenças, entre outros.

Construção de Modelos: A IA constrói modelos matemáticos complexos que relacionam os dados genéticos e fenotípicos. Esses modelos podem ser algoritmos de aprendizado de máquina, como redes neurais ou algoritmos de regressão, que aprendem a identificar padrões entre as características genéticas e os traços fenotípicos desejados.

Aprendizado dos Modelos: A IA utiliza os dados disponíveis para treinar esses modelos. Durante o treinamento, o algoritmo ajusta seus parâmetros para encontrar as relações mais relevantes entre os genes e as características observáveis.

Pontuação de Plantas: Uma vez que os modelos são treinados, eles podem ser usados para pontuar novas plantas ou variedades existentes com base nas informações genéticas e fenotípicas. Isso significa que a IA calcula uma pontuação que reflete quão desejáveis são essas plantas em termos das características alvo.

Seleção e Cruzamento: Com base nas pontuações, a IA ajuda os melhoristas a decidir quais plantas devem ser selecionadas para reprodução. Ela pode sugerir combinações que maximizem as características desejadas, como produtividade ou resistência a doenças.

Iteração e Melhoria Contínua: A seleção assistida por computador é um processo iterativo. À medida que novos dados são coletados e novas plantas são criadas, os modelos de IA são ajustados e aprimorados, tornando as previsões cada vez mais precisas.

Economia de Tempo e Recursos: A IA acelera significativamente o processo de seleção, pois pode processar uma grande quantidade de dados em um curto período de tempo. Isso economiza recursos e ajuda a identificar plantas promissoras mais rapidamente.

No geral, a seleção assistida por computador com IA é uma abordagem poderosa para o melhoramento genético de plantas. Ela combina o conhecimento humano sobre as características desejadas com a capacidade da IA de analisar dados complexos, resultando no desenvolvimento de variedades de plantas mais adaptadas, saudáveis e produtivas.

Esperamos que este capítulo forneça uma visão abrangente das diversas aplicações da Inteligência Artificial na tomada de decisões agrícolas. As imagens sugeridas servem para ilustrar a importância e o impacto positivo que a IA está trazendo para o setor agrícola, tornando-o mais eficiente, sustentável e resiliente às adversidades.

Capítulo 4

Internet das Coisas (IoT) no Campo

Conceitos básicos de IoT aplicados à agricultura e o uso de sensores inteligentes e dispositivos conectados no campo

No decorrer deste capítulo, exploraremos os conceitos básicos de IoT aplicados à agricultura, destacando como a conectividade de dispositivos está promovendo a transformação digital no setor agrícola. Discutiremos o papel dos sensores inteligentes e como eles estão se tornando peças fundamentais para a coleta de dados precisos e em tempo real no campo.

Casos de Uso

Apresentaremos casos de sucesso de fazendas que adotaram a IoT com êxito, mostrando como essas tecnologias têm otimizado processos, reduzido custos e melhorado a produtividade agrícola. Analisaremos estudos de caso de diferentes culturas e cenários, com o objetivo de ilustrar a versatilidade e aplicabilidade da IoT em diversas atividades agrícolas.

Estudo de Caso 1: Fazenda de Hortaliças Inteligente
Em uma fazenda de hortaliças localizada no interior do Brasil, a IoT foi implementada para otimizar o cultivo e melhorar a produtividade. Sensores foram instalados em diversas áreas da fazenda para monitorar variáveis cruciais, como temperatura, umidade do solo, nível de nutrientes e luminosidade.

Com os dados coletados pelos sensores, os agricultores puderam obter insights em tempo real sobre as condições das plantações. Por meio de um sistema de automação, os irrigadores foram controlados de forma inteligente, ajustando o fornecimento de água conforme as necessidades específicas das culturas em diferentes locais da fazenda.

O resultado foi um aumento significativo na produtividade das hortaliças, além de uma economia considerável no uso de recursos, como água e fertilizantes. Através da IoT, os agricultores puderam tomar decisões mais precisas e assertivas, garantindo um cultivo mais eficiente e sustentável.

Estudo de Caso 2: Fazenda de Grãos Conectada

Em uma fazenda de grãos no sul do Brasil, a IoT foi aplicada para monitorar e gerenciar as máquinas agrícolas de forma inteligente. Sensores foram instalados nos tratores, colheitadeiras e implementos agrícolas, permitindo a coleta de dados sobre o desempenho e a condição de cada máquina.

Esses dados foram enviados para um sistema central, onde os gestores da fazenda podiam rastrear o status de cada equipamento em tempo real. Com base nessas informações, foi possível implementar a manutenção preventiva, identificar possíveis falhas antecipadamente e melhorar a eficiência das operações agrícolas.

Consequentemente, a fazenda conseguiu reduzir os custos de manutenção e os tempos de parada das máquinas, aumentando a disponibilidade do maquinário durante o período de plantio e colheita. A IoT trouxe maior controle e eficiência para a gestão da frota agrícola, impactando positivamente a produtividade e a lucratividade da fazenda.

Estudo de Caso 3: Vinhedo Inteligente

Em uma vinícola no sul do país, a IoT foi aplicada para monitorar as vinhas e garantir uma produção de alta qualidade. Sensores foram instalados nas plantas para medir parâmetros-chave, como temperatura, umidade e nível de maturação das uvas.

Os dados coletados pelos sensores foram analisados em tempo real por um sistema de inteligência artificial, que identificava padrões e tendências específicas para cada variedade de uva. Com base nessa análise, os enólogos puderam ajustar os cuidados com as vinhas, aplicando a quantidade ideal de água e nutrientes para cada planta.

Como resultado, a vinícola obteve uvas de maior qualidade, contribuindo para a produção de vinhos mais refinados e premiados. Além disso, a IoT permitiu uma gestão mais precisa e sustentável da irrigação e dos recursos hídricos, reduzindo o desperdício e os custos operacionais.

Esses casos de sucesso demonstram como a IoT está sendo aplicada com êxito em diferentes atividades agrícolas, proporcionando melhorias significativas na produtividade, eficiência e sustentabilidade. A versatilidade da IoT no campo abre um leque de possibilidades para aprimorar o agronegócio e enfrentar os desafios da agricultura moderna.

Abordaremos os desafios e obstáculos enfrentados na implementação da IoT no campo, tais como questões de conectividade, segurança de dados e integração de sistemas. Discutiremos as estratégias e soluções adotadas para superar esses desafios e garantir uma implantação bem-sucedida da IoT nas fazendas.

Desafios e Obstáculos na Implementação da IoT no Campo:

Conectividade Limitada: Muitas áreas rurais enfrentam desafios de conectividade, com acesso limitado à internet e sinal de celular. Isso pode dificultar a transmissão de dados em tempo real entre os dispositivos IoT e o sistema central de gerenciamento.

Segurança de Dados: A coleta e transmissão de dados na IoT podem criar vulnerabilidades de segurança, aumentando o risco de ataques cibernéticos e violações de privacidade. As informações sensíveis dos agricultores e a propriedade intelectual podem estar em risco se as medidas de segurança adequadas não forem implementadas.

Custo de Implantação: A aquisição e instalação dos dispositivos IoT podem representar um investimento significativo para os agricultores, especialmente para pequenas propriedades rurais. O alto custo inicial pode ser um obstáculo para a adoção generalizada da IoT no campo.

Complexidade da Integração: A integração de sistemas e dispositivos IoT com sistemas existentes nas fazendas pode ser desafiadora. A compatibilidade entre diferentes tecnologias e plataformas pode exigir conhecimentos técnicos específicos e recursos adicionais.

Gestão e Análise de Dados: A coleta massiva de dados da IoT pode sobrecarregar os agricultores com uma grande quantidade de informações. A análise e interpretação desses dados de forma eficiente requerem habilidades de gerenciamento e análise de dados.

Estratégias e Soluções para Superar Desafios:

Infraestrutura de Conectividade: Investir em infraestrutura de conectividade, como redes de internet rural ou soluções de satélite, para garantir uma conexão confiável e estável em áreas rurais remotas.

Segurança Cibernética: Implementar medidas robustas de segurança cibernética, como criptografia de dados, firewalls e autenticação multifatorial, para proteger as informações e os sistemas contra ataques maliciosos.

Modelos de Negócio Flexíveis: Explorar modelos de negócio flexíveis para reduzir o custo inicial da adoção da IoT, como parcerias com empresas fornecedoras de dispositivos IoT ou modelos de leasing de equipamentos.

Integração Simplificada: Priorizar dispositivos e sistemas IoT com padrões abertos e interoperáveis, facilitando a integração com os sistemas existentes nas fazendas.

Plataformas de Análise de Dados: Utilizar plataformas de análise de dados e inteligência artificial para processar e interpretar os dados coletados pela IoT, gerando insights úteis para a tomada de decisões agrícolas.

Treinamento e Capacitação: Oferecer treinamento e capacitação aos agricultores e equipe técnica, para garantir que eles possuam as habilidades necessárias para gerenciar e utilizar efetivamente os dispositivos IoT.

Superar esses desafios requer uma abordagem colaborativa entre os agricultores, empresas de tecnologia, governo e outras partes interessadas.

Com o avanço das tecnologias e a conscientização sobre os benefícios da IoT no campo, espera-se que muitas das barreiras atuais sejam gradualmente superadas, permitindo uma implantação mais ampla e bem-sucedida da IoT nas fazendas.

A combinação de IoT com outras tecnologias, como inteligência artificial e análise de big data, abrirá novas possibilidades para aprimorar a eficiência e sustentabilidade da produção agrícola.

Capítulo 5

Robótica e Automação Agrícola

Avanços em robôs agrícolas e suas funções no campo

Neste capítulo, exploraremos em detalhes a fascinante evolução da Robótica e Automação Agrícola, que está transformando radicalmente as práticas agrícolas tradicionais e moldando o futuro do agronegócio. Os avanços significativos em robôs agrícolas e tecnologias de automação estão impulsionando uma revolução no campo, levando a mudanças profundas no mercado de trabalho e ao surgimento de novas profissões relacionadas, mas também levantando questões sobre a redução do número de vagas disponíveis.

Avanços em robôs agrícolas e suas funções no campo:
A robótica aplicada à agricultura tem progredido a passos largos, trazendo uma variedade de robôs altamente especializados que podem operar em diferentes tipos de terrenos e condições. Os robôs agrícolas podem executar uma ampla gama de tarefas, desde o plantio e a irrigação até a colheita e o transporte de culturas. Eles são equipados com sensores avançados, visão computacional e sistemas de inteligência artificial, permitindo que sejam autônomos e precisos em suas operações.

Uso de robôs para colheita e tarefas agrícolas específicas:
A colheita é uma das etapas mais trabalhosas e dispendiosas na agricultura. A automação dessa atividade por meio de robôs tem se mostrado altamente vantajosa, permitindo a colheita mais eficiente e precisa, reduzindo a dependência de mão de obra humana e minimizando o desperdício. Além disso, os robôs agrícolas podem ser projetados para realizar tarefas específicas, como a aplicação precisa de insumos agrícolas, controle de pragas e monitoramento de saúde das plantas.

Desafios e perspectivas da automação no agronegócio:
Embora as inovações em robótica e automação ofereçam muitos benefícios, também trazem desafios significativos. A introdução de tecnologias avançadas requer investimentos substanciais em infraestrutura e treinamento, o que pode ser um obstáculo para pequenos produtores. Além disso, a automação no campo pode resultar na redução da demanda por mão de obra agrícola tradicional, o que levanta preocupações sobre o impacto socioeconômico em comunidades rurais.

Mudança no mercado de trabalho e criação de novas profissões relacionadas:
A crescente adoção de robótica e automação na agricultura tem levado a uma mudança significativa no mercado de trabalho

do setor. Algumas funções manuais estão sendo substituídas por robôs, reduzindo a demanda por trabalhadores braçais em algumas áreas. No entanto, a automação também está criando novas oportunidades de emprego, como operadores e técnicos de robôs agrícolas, engenheiros de automação, especialistas em inteligência artificial aplicada à agricultura e cientistas de dados agrícolas.

Menos vagas disponíveis:
Embora a automação esteja gerando novas profissões, é importante reconhecer que o número total de vagas no setor agrícola pode diminuir com a substituição de tarefas manuais por robôs. Isso pode representar um desafio para as comunidades rurais, que podem enfrentar o deslocamento de trabalhadores e a necessidade de requalificação para se adaptar às mudanças tecnológicas.

Em suma, a Robótica e a Automação Agrícola estão revolucionando a maneira como cultivamos e produzimos alimentos. As inovações tecnológicas estão aumentando a eficiência, a produtividade e a sustentabilidade do agronegócio, mas também estão gerando mudanças no mercado de trabalho e levantando questões sobre o futuro do trabalho no campo. Enquanto abraçamos as oportunidades que a automação traz, é essencial considerar as questões sociais e econômicas e garantir que a tecnologia beneficie a todos os envolvidos no agronegócio.

Capitulo 6

Blockchain e Rastreabilidade na Cadeia Agroalimentar

O uso de blockchain para garantir a segurança alimentar a rastreabilidade e transparência na cadeia produtiva

Neste abrangente capítulo, mergulharemos no mundo da tecnologia blockchain e sua aplicação na cadeia agroalimentar. Veremos como essa tecnologia revolucionária pode garantir a segurança alimentar, promover a rastreabilidade e proporcionar maior transparência ao longo da cadeia produtiva.

A imagem ilustra um mapa interativo, onde diferentes setores da cadeia agroalimentar estão conectados por blocos de informações na forma de uma cadeia de blocos (blockchain). Cada bloco contém dados detalhados sobre a origem dos alimentos, informações sobre o produtor, os processos de produção, transporte e distribuição, bem como possíveis certificações e selos de qualidade atribuídos ao longo do caminho. Essa visualização destaca como o uso de blockchain pode trazer transparência, segurança e rastreabilidade aos alimentos que chegam ao consumidor final.

Ao longo deste capítulo, exploraremos o conceito do blockchain, sua arquitetura e como funciona a sua aplicação no agronegócio. Discutiremos os benefícios de utilizar o blockchain para garantir a segurança alimentar, rastrear produtos desde a origem até o ponto de venda e como a tecnologia pode ajudar a combater fraudes e problemas relacionados à qualidade dos alimentos.

O que é Blockchain?

O blockchain é uma tecnologia que ajuda a tornar as transações e informações mais seguras e transparentes. É como um livro digital compartilhado por várias pessoas, onde todas as informações ficam registradas de forma segura e não podem ser alteradas ou apagadas depois de inseridas.

Como Funciona?

Imagine um livro em que cada página é um "bloco" e todas essas páginas estão encadeadas em ordem. Cada página (bloco) contém informações sobre uma transação ou evento específico, como o cultivo de alimentos ou o transporte para o mercado.

Aplicação no Agronegócio:

No agronegócio, o blockchain pode ser usado para rastrear toda a jornada dos alimentos, desde a fazenda até o consumidor final. Cada etapa da produção, embalagem, transporte e venda é registrada em um bloco, formando uma cadeia de informações.

Benefícios para o Agronegócio:

Segurança dos Alimentos: O blockchain ajuda a garantir que os alimentos sejam seguros e autênticos, pois todas as informações sobre a produção ficam registradas e protegidas.

Transparência: Todas as partes envolvidas podem acessar as informações, o que aumenta a confiança e a transparência entre produtores, distribuidores e consumidores.

Rastreabilidade Rápida: Se houver algum problema com um lote de alimentos, o blockchain permite identificar rapidamente a origem do problema e tomar medidas corretivas.

Evitar Fraudes: Com o registro imutável das informações, é mais difícil falsificar dados ou informações sobre a origem dos alimentos.

Certificações e Selos de Qualidade: As certificações e selos de qualidade podem ser registrados no blockchain, facilitando a verificação de produtos que atendem a padrões de qualidade.

Veremos como as certificações e selos de qualidade baseados em blockchain podem oferecer maior confiança aos consumidores e compradores, permitindo-lhes tomar decisões informadas sobre a procedência e as práticas de produção dos alimentos que adquirem.

As certificações e selos de qualidade baseados em blockchain têm um papel fundamental em oferecer maior confiança aos consumidores e compradores, permitindo que eles tomem decisões informadas sobre a procedência e as práticas de produção dos alimentos que adquirem. Vejamos como isso acontece:

1. Transparência e Rastreabilidade:

Com o blockchain, todas as etapas do processo de produção dos alimentos são registradas e armazenadas de forma segura e imutável. Isso significa que os consumidores podem rastrear a origem dos produtos até sua fonte, sabendo exatamente onde e como foram produzidos. Ao verificar cada etapa do processo, desde o cultivo até o transporte e a distribuição, os consumidores têm maior confiança na qualidade dos alimentos.

2. Autenticidade e Garantia de Origem:

Os selos de qualidade registrados no blockchain garantem que os produtos são autênticos e que atendem a determinados padrões de qualidade. Ao verificar a presença desses selos, os consumidores podem ter  certeza de que estão adquirindo alimentos legítimos e que foram produzidos de acordo com normas e regulamentos estabelecidos.

3. Informações Detalhadas e Acessíveis:

O blockchain permite que as informações sobre os alimentos sejam acessadas de forma transparente por qualquer pessoa autorizada, incluindo os consumidores. Assim, eles podem obter informações detalhadas sobre a origem, ingredientes, práticas de cultivo e métodos de produção dos alimentos antes de fazerem suas escolhas.

4. Combate a Falsificações e Fraudes:

A imutabilidade do blockchain torna difícil falsificar informações sobre a origem dos alimentos ou a obtenção de certificações. Isso ajuda a combater fraudes na indústria alimentícia, protegendo os consumidores de produtos adulterados ou não conformes com as normas de qualidade.

5. Empoderamento do Consumidor:
Com acesso a informações confiáveis, os consumidores têm mais poder para fazer escolhas conscientes e alinhadas com suas preferências e valores. Eles podem optar por apoiar produtores que adotam práticas sustentáveis, responsáveis e éticas, incentivando assim a melhoria das práticas na cadeia agroalimentar.

6. Fortalecimento da Confiança na Marca:
As empresas que utilizam o blockchain para registrar suas certificações e selos de qualidade demonstram transparência e comprometimento com a qualidade de seus produtos. Isso pode resultar em maior confiança do público e fortalecimento da reputação da marca.

Em resumo, as certificações e selos de qualidade baseados em blockchain oferecem aos consumidores e compradores uma visão abrangente e confiável sobre os alimentos que estão adquirindo. Essa transparência e rastreabilidade promovem uma relação mais saudável e confiante entre produtores e consumidores, estimulando o crescimento de práticas sustentáveis e responsáveis na indústria agroalimentar.

O blockchain representa uma revolução na cadeia agroalimentar, trazendo consigo um papel transformador que promete melhorar significativamente a segurança, transparência e confiabilidade de todo o sistema alimentar. Essa tecnologia disruptiva tem o potencial de gerar um impacto positivo em todas as etapas da produção, distribuição e consumo de alimentos, beneficiando tanto os produtores quanto os consumidores finais.

Capitulo 7

Agricultura Vertical e Indoor

Conceitos de agricultura vertical e suas vantagens

Neste capítulo abrangente, mergulharemos no emocionante mundo da agricultura vertical e indoor, uma inovação que vem revolucionando a forma como produzimos alimentos e as perspectivas para o futuro agrícola. Vamos explorar os conceitos fundamentais dessa técnica inovadora, suas vantagens em relação à agricultura tradicional e como os ambientes controlados estão sendo utilizados para o cultivo eficiente de plantas em espaços urbanos e fechados.

Nessa imagem, podemos vislumbrar uma fazenda vertical avançada, onde os cultivos são dispostos em camadas verticais,

permitindo o uso otimizado do espaço disponível. A iluminação artificial é estrategicamente posicionada para fornecer a quantidade de luz necessária para o crescimento saudável das plantas, independentemente das condições climáticas externas. Esse ambiente controlado oferece condições ideais para o cultivo, resultando em uma produção eficiente e de alta qualidade.

Essa imagem representa a inovação da agricultura vertical e indoor, demonstrando como essa técnica está sendo aplicada com sucesso em diversas partes do mundo.

Ela enfatiza a importância de explorar abordagens sustentáveis e criativas para enfrentar os desafios da produção de alimentos em um cenário de crescimento populacional e urbanização acelerada.

No decorrer deste capítulo, exploraremos detalhadamente cada aspecto da agricultura vertical e indoor, oferecendo uma visão abrangente das práticas, tecnologias e impactos dessa abordagem inovadora de cultivo.

Começaremos analisando os conceitos fundamentais da agricultura vertical, compreendendo como ela difere dos métodos tradicionais de agricultura e quais são os princípios que sustentam essa técnica. Veremos como a verticalização dos cultivos pode otimizar o uso do espaço, permitindo o aumento da produção em áreas urbanas e diminuindo a dependência de terras agrícolas extensas.

A agricultura vertical é uma abordagem inovadora de cultivo que se diferencia dos métodos tradicionais de agricultura ao empregar a verticalização dos cultivos em estruturas empilhadas ou camadas, em vez de utilizar o espaço horizontalmente em campos abertos. Essa técnica se baseia em princípios específicos para criar ambientes controlados, permitindo que as plantas cresçam de forma eficiente e produtiva em ambientes internos.

Conceitos Fundamentais da Agricultura Vertical:

Verticalização dos Cultivos: A verticalização é a prática de cultivar plantas em diferentes camadas ou níveis, maximizando o uso do espaço vertical em vez de ocupar grandes áreas de terras horizontais.

Ambientes Controlados: A agricultura vertical usa ambientes internos, como estufas ou galpões, que possibilitam o controle preciso de fatores ambientais, como temperatura, umidade, luz e nutrientes, para criar condições ideais para o crescimento das plantas.

Hidroponia e Aeroponia: Técnicas de cultivo sem solo, como a hidroponia (utilização de água com nutrientes) e a aeroponia (utilização de névoa ou aerossóis para fornecer nutrientes), são

frequentemente aplicadas na agricultura vertical para otimizar o fornecimento de nutrientes às plantas.

Iluminação Artificial: Em ambientes fechados, a iluminação artificial é utilizada para suplementar a luz solar e fornecer o espectro de luz ideal para o crescimento das plantas, possibilitando o cultivo em qualquer época do ano, independentemente das condições climáticas externas.

Otimização do Uso do Espaço: A verticalização dos cultivos permite a utilização eficiente do espaço disponível, especialmente em áreas urbanas densamente povoadas, onde a terra é escassa e cara. Ao empilhar os cultivos verticalmente, a agricultura pode ser praticada em edifícios abandonados, galpões, estufas e outros espaços urbanos que não seriam utilizados para fins agrícolas tradicionais.

Aumento da Produção em Áreas Urbanas: A agricultura vertical traz a produção de alimentos para mais perto dos centros urbanos, reduzindo significativamente as distâncias de transporte dos produtos agrícolas. Isso permite uma oferta local de alimentos frescos, minimizando a necessidade de longos trajetos de distribuição e ajudando a atender à crescente demanda de uma população urbana em expansão.

Diminuição da Dependência de Terras Agrícolas Extensas: Com a agricultura vertical, a produção de alimentos é ampliada sem a necessidade de expandir as áreas de cultivo horizontalmente, preservando assim terras agrícolas preciosas e contribuindo para a conservação dos recursos naturais.

Em resumo, a agricultura vertical é uma abordagem revolucionária que se baseia em ambientes controlados e verticalização dos cultivos para otimizar o uso do espaço e aumentar a produção de alimentos em áreas urbanas. Ao oferecer uma alternativa sustentável e eficiente aos métodos tradicionais de agricultura, a agricultura vertical está se tornando uma resposta promissora para os desafios de alimentar a população mundial em crescimento.

Em seguida, mergulharemos no funcionamento dos ambientes controlados na agricultura indoor. Exploraremos como a tecnologia está sendo aplicada para criar ambientes ideais, nos quais fatores como temperatura, umidade, luz e nutrientes podem ser minuciosamente ajustados para atender às necessidades específicas das culturas.

 O funcionamento dos ambientes controlados na agricultura indoor é essencial para criar condições ideais de cultivo, permitindo que as plantas se desenvolvam de maneira ótima e alcancem seu potencial máximo de crescimento. Esses ambientes oferecem controle total sobre fatores ambientais, como temperatura, umidade, luz e nutrientes, proporcionando às plantas um ambiente altamente favorável, independentemente das condições externas.

Tecnologia e Automação: A tecnologia desempenha um papel fundamental na agricultura indoor. Sensores precisos monitoram continuamente os parâmetros ambientais, como temperatura e umidade, garantindo que os níveis se mantenham dentro de faixas ideais para o crescimento das plantas. Esses sensores estão conectados a sistemas de controle automatizados, que ajustam automaticamente os ambientes para manter as condições ideais.

Controle de Temperatura: A temperatura é um fator crítico para o desenvolvimento das plantas. Em ambientes controlados, sistemas de aquecimento e resfriamento são utilizados para

manter a temperatura dentro de uma faixa específica, ideal para cada cultura. Isso permite o cultivo de plantas em qualquer época do ano, independentemente das flutuações sazonais.

Regulação de Umidade: A umidade do ar é outro fator importante para o crescimento das plantas. Sistemas de umidificação e desumidificação são empregados para manter níveis adequados de umidade, evitando problemas como o estresse hídrico ou o desenvolvimento de doenças relacionadas à umidade excessiva.

Iluminação Artificial: Nas instalações de agricultura indoor, a iluminação natural muitas vezes é complementada ou substituída por iluminação artificial de alta tecnologia. Lâmpadas LED, com espectros de luz específicos, são usadas para fornecer a quantidade e o tipo de luz necessários para diferentes estágios do crescimento das plantas.

Fornecimento de Nutrientes: A hidroponia e a aeroponia são técnicas comuns de cultivo em ambientes controlados, onde as plantas recebem seus nutrientes diretamente na água ou por meio de aerossóis nutricionais. Nesse sistema, os nutrientes podem ser ajustados e personalizados de acordo com as necessidades específicas de cada cultura.

Monitoramento e Análise de Dados: Os ambientes controlados são monitorados constantemente por sistemas de coleta de dados. Essas informações são analisadas e utilizadas para otimizar as condições de cultivo, permitindo ajustes finos e maximizando a produtividade das culturas.

Benefícios dos Ambientes Controlados na Agricultura Indoor:
• Cultivo o ano todo, independentemente das estações.
• Maior produtividade e rendimento por área cultivada.

- Conservação de recursos naturais, como água e solo.
- Redução do uso de pesticidas e herbicidas.
- Produção de alimentos frescos e de alta qualidade.
- Menor dependência de terras agrícolas extensas.
- Possibilidade de cultivar variedades de plantas em condições não ideais.

Em resumo, os ambientes controlados na agricultura indoor são exemplos de como a tecnologia está sendo aplicada para criar condições ideais de cultivo, oferecendo às plantas um ambiente altamente controlado e favorável. Essa abordagem revolucionária permite o cultivo eficiente e produtivo de alimentos em espaços fechados, proporcionando soluções

sustentáveis para a segurança alimentar em um mundo em constante mudança.

Destacaremos as vantagens

dessa abordagem, como a possibilidade de cultivo durante o ano inteiro, independente das estações climáticas, a redução do consumo de água e a menor necessidade de pesticidas e herbicidas, promovendo um cultivo mais sustentável e amigável ao meio ambiente.

A agricultura indoor, com seus ambientes controlados, oferece diversas vantagens significativas em comparação com a agricultura tradicional ao ar livre.

Algumas das principais vantagens incluem:

Cultivo durante o Ano Inteiro: Com a agricultura indoor, é possível cultivar alimentos durante o ano inteiro, independentemente das estações climáticas externas. A capacidade de controlar a temperatura e a iluminação artificialmente permite que as culturas cresçam continuamente, evitando os períodos de dormência associados às mudanças sazonais.

Redução do Consumo de Água: Em ambientes controlados, a hidroponia e a aeroponia são frequentemente utilizadas, sistemas que fornecem água diretamente às raízes das plantas sem desperdício. Isso resulta em um uso muito mais eficiente da água, reduzindo significativamente o consumo em comparação com a irrigação tradicional.

Menor Necessidade de Pesticidas e Herbicidas: A agricultura indoor reduz a exposição das culturas a pragas e doenças, uma vez que o ambiente controlado pode ser mais facilmente protegido contra invasores indesejados. Com menor incidência de pragas, há menos necessidade de uso de pesticidas e herbicidas, promovendo um cultivo mais saudável e seguro.

Produção de Alimentos mais Seguros: Com o controle rigoroso das condições de cultivo, a agricultura indoor minimiza a contaminação por patógenos transmitidos pelo solo ou pela água, resultando em alimentos mais seguros e de alta qualidade para os consumidores.

Otimização do Espaço e Aumento da Produtividade: A verticalização dos cultivos em ambientes controlados permite o uso otimizado do espaço, possibilitando o cultivo de várias camadas de plantas em uma área relativamente pequena. Como resultado, a agricultura indoor pode oferecer uma produtividade muito maior em relação à agricultura tradicional ao ar livre.

Proteção contra Condições Climáticas Extremas: Ambientes controlados fornecem proteção contra condições climáticas extremas, como geadas, tempestades e ondas de calor, que podem prejudicar as culturas em sistemas de cultivo ao ar livre.

Redução de Impactos Ambientais: A agricultura indoor consome menos recursos naturais, como água e solo, e produz menos resíduos e poluição do que a agricultura tradicional. Isso resulta em um cultivo mais sustentável e amigável ao meio ambiente, contribuindo para a conservação dos recursos naturais e a redução do impacto ambiental.

Em conjunto, essas vantagens fazem da agricultura indoor uma abordagem altamente promissora para a produção de alimentos em um mundo em constante crescimento populacional e com desafios crescentes relacionados à escassez de recursos naturais e às mudanças climáticas.

Essa abordagem inovadora está impulsionando o futuro da agricultura, oferecendo soluções mais eficientes e sustentáveis para garantir a segurança alimentar global.

Capitulo 8

Tecnologias para Conservação de Água e Irrigação Inteligente

O universo das tecnologias para conservação de água e irrigação inteligente, compreendendo como essas inovações estão transformando a forma como a água é gerenciada e utilizada na agricultura.

Neste capítulo, adentraremos no universo das tecnologias para conservação de água e irrigação inteligente, compreendendo como essas inovações estão transformando a forma como a água é gerenciada e utilizada na agricultura.

Exploraremos os sistemas de irrigação inteligente, as técnicas de reuso e coleta de água e o gerenciamento eficiente dos recursos hídricos nas propriedades rurais.

Um exemplo prático de tecnologia de irrigação inteligente em ação: Um sistema de irrigação por gotejamento está sendo controlado através de um dispositivo móvel, permitindo que o

agricultor ajuste o fluxo de água para diferentes áreas da plantação com facilidade. Esse tipo de sistema de irrigação inteligente ajuda a economizar água, fornecendo a quantidade certa de água diretamente às raízes das plantas, reduzindo o desperdício e maximizando a eficiência hídrica.

Ao promover a adoção dessas tecnologias, os agricultores podem contribuir para a preservação dos recursos naturais e tornar suas operações mais resilientes às mudanças climáticas.

Sistemas de Irrigação Inteligente: Conheceremos a seguir, diferentes tipos de sistemas de irrigação inteligente, como a irrigação por gotejamento, microaspersão e irrigação localizada. Compreenderemos como esses sistemas automatizados podem ajustar o fornecimento de água com base nas necessidades específicas das culturas, economizando água e aumentando a produtividade.

Os Sistemas de Irrigação Inteligente são uma categoria de tecnologias agrícolas avançadas projetadas para otimizar o uso da água na agricultura. Eles proporcionam uma irrigação mais precisa e eficiente, ajustando o fornecimento de água com base nas necessidades específicas das culturas, resultando em uma economia significativa de água e um aumento na produtividade das plantações.

Irrigação por Gotejamento: Nesse sistema, a água é fornecida diretamente às raízes das plantas por meio de tubos ou mangueiras com pequenos orifícios, conhecidos como gotejadores. A quantidade de água liberada é controlada com precisão, permitindo que cada planta receba a quantidade ideal de água de acordo com suas necessidades individuais. Esse método reduz o desperdício de água, pois evita a irrigação de áreas não cultivadas e minimiza a evaporação.

Microaspersão: A microaspersão utiliza bicos específicos que liberam pequenas gotas de água sobre as plantas. Essa técnica é ideal para culturas com espaçamentos mais amplos e pode ser usada tanto em plantações quanto em viveiros. A microaspersão também permite a personalização das taxas de irrigação para cada tipo de cultura, otimizando o uso da água e melhorando a uniformidade da irrigação.

Irrigação Localizada: Esse sistema concentra a água em áreas específicas do solo, onde as raízes das plantas estão localizadas. Os métodos de irrigação localizada incluem o uso de tubos perfurados, fitas gotejadoras ou mangueiras porosas. Esse sistema é eficiente, pois minimiza perdas de água por escoamento superficial e evita a irrigação de áreas desnecessárias.

Esses sistemas de irrigação inteligente são controlados por tecnologia automatizada, que pode ser ajustada com base em fatores como as necessidades hídricas das culturas, o tipo de solo, a evapotranspiração e as condições climáticas. Sensores e dispositivos conectados coletam dados em tempo real, permitindo que os agricultores monitorem e controlem a irrigação remotamente, garantindo que as plantas recebam a quantidade certa de água no momento adequado.

Com a implementação desses sistemas, os agricultores podem economizar água significativamente, reduzindo os custos de irrigação e minimizando os impactos ambientais. Além disso, a irrigação inteligente proporciona um ambiente mais favorável ao desenvolvimento das culturas, resultando em maior produtividade e qualidade dos produtos agrícolas.

A utilização dessas tecnologias representa um passo importante na busca por uma agricultura mais sustentável e eficiente, contribuindo para a conservação dos recursos hídricos e a segurança alimentar em um contexto de crescente demanda por alimentos. A irrigação inteligente é uma das muitas inovações tecnológicas que estão transformando o agronegócio e permitindo que os agricultores enfrentem os desafios do futuro com maior resiliência.

Técnicas de Reuso de Água: Investigaremos as técnicas de coleta e armazenamento de água da chuva, bem como a reutilização de águas residuais tratadas na agricultura. Analisaremos os benefícios ambientais e econômicos dessas práticas, destacando como podem reduzir a dependência de fontes hídricas escassas e de alta demanda.

As Técnicas de Reuso de Água são estratégias que visam coletar e armazenar água da chuva e reutilizar águas residuais tratadas na agricultura. Essas práticas têm se mostrado fundamentais para a conservação dos recursos hídricos, reduzindo a dependência de fontes hídricas escassas e de alta demanda, e proporcionando benefícios significativos tanto para o meio ambiente quanto para a economia agrícola.

Coleta e Armazenamento de Água da Chuva:

A coleta de água da chuva envolve a captação e o armazenamento da água que cai naturalmente do céu. Os sistemas de coleta geralmente incluem calhas nos telhados de edifícios ou estruturas, que direcionam a água para cisternas ou tanques de armazenamento. Essa água coletada pode ser usada posteriormente para irrigação, limpeza de equipamentos agrícolas e até mesmo para abastecimento animal.

Benefícios:

• Redução da dependência de recursos hídricos limitados.
• Diminuição do consumo de água potável para fins não potáveis, preservando esse recurso para o consumo humano.

- Menores custos com água, uma vez que a água da chuva é uma fonte gratuita e abundante.
- Contribuição para a sustentabilidade ambiental, ao evitar o escoamento superficial e a poluição das águas pluviais.

Reutilização de Águas Residuais Tratadas:

Outra técnica eficiente é a reutilização de águas residuais tratadas. Nesse processo, a água utilizada em atividades domésticas, industriais ou agrícolas passa por tratamento e purificação para torná-la adequada para ser reutilizada em atividades agrícolas, como irrigação de culturas não destinadas ao consumo humano direto.

Benefícios:
- Maximização do uso da água, reduzindo a necessidade de água fresca para irrigação agrícola.
- Proteção da qualidade da água ao impedir que águas residuais não tratadas contaminem os corpos d'água.
- Melhoria da saúde do solo devido à contribuição de nutrientes presentes nas águas residuais tratadas.
- Diminuição dos custos de tratamento de águas residuais e eliminação de seu descarte inadequado.

Essas técnicas de reuso de água são fundamentais para enfrentar os desafios de escassez hídrica e mudanças climáticas. Ao adotar práticas sustentáveis de coleta de água da chuva e reutilização de águas residuais tratadas, os agricultores podem contribuir para a preservação dos recursos hídricos e aumentar a resiliência de suas operações diante de períodos de seca ou disponibilidade limitada de água.

Além dos benefícios ambientais, essas práticas também trazem vantagens econômicas, uma vez que reduzem os custos com o abastecimento de água e possibilitam um uso mais eficiente dos recursos disponíveis. A reutilização de água é uma estratégia inteligente e inovadora para promover a sustentabilidade da agricultura e garantir a produção de alimentos em longo prazo.

Gerenciamento Eficiente dos Recursos Hídricos: Abordaremos estratégias para um gerenciamento inteligente dos recursos hídricos nas propriedades rurais, incluindo o monitoramento e a análise de dados sobre o consumo de água, a implementação de práticas de manejo sustentável do solo e a utilização de técnicas para evitar a perda de água por evaporação e escoamento superficial.

O Gerenciamento Eficiente dos Recursos Hídricos é uma abordagem fundamental para garantir o uso sustentável da água nas propriedades rurais. Essa estratégia engloba diversas práticas e técnicas que visam monitorar, conservar e otimizar o uso da água, reduzindo desperdícios e aumentando a eficiência hídrica nas atividades agrícolas.

Monitoramento e Análise de Dados sobre o Consumo de Água:

O monitoramento contínuo do consumo de água nas diferentes etapas da produção agrícola é essencial para identificar padrões de uso, identificar desperdícios e tomar decisões informadas. O uso de sensores e dispositivos conectados permite a coleta de dados em tempo real sobre a quantidade de água utilizada em sistemas de irrigação, processos industriais e uso doméstico.

Benefícios:
• Identificação de vazamentos e falhas em sistemas de irrigação e equipamentos, evitando desperdícios.

• Otimização do uso da água, ajustando a quantidade de acordo com as necessidades específicas das culturas em diferentes estágios de crescimento.

• Tomada de decisões baseada em dados para implementar estratégias mais eficientes de uso da água.

Implementação de Práticas de Manejo Sustentável do Solo:

A adoção de práticas de manejo do solo sustentáveis é outra parte crucial do gerenciamento eficiente dos recursos hídricos. Práticas como a cobertura do solo com matéria orgânica, rotação de culturas, terraceamento e plantio direto contribuem para a melhoria da estrutura do solo, aumentando sua capacidade de retenção de água e reduzindo a erosão.

Benefícios:
- Aumento da infiltração de água no solo, reduzindo o escoamento superficial e a erosão.
- Melhoria da disponibilidade de água para as plantas, aumentando a eficiência da irrigação.
- Conservação do solo e dos nutrientes, evitando a contaminação dos corpos d'água por sedimentos.

Utilização de Técnicas para Evitar a Perda de Água por Evaporação e Escoamento Superficial:

A utilização de técnicas para reduzir a perda de água por evaporação e escoamento superficial é fundamental para o gerenciamento eficiente dos recursos hídricos. Essas técnicas incluem o uso de coberturas de solo, sistemas de drenagem adequados e técnicas de irrigação com maior precisão e uniformidade.

Benefícios:
- Redução das perdas de água por evaporação em sistemas de irrigação.
- Controle do escoamento superficial, evitando o desperdício de água e a erosão do solo.
- Maior eficiência hídrica, garantindo que a água seja utilizada da forma mais eficaz possível.

A implementação dessas práticas de gerenciamento eficiente dos recursos hídricos é essencial para garantir a sustentabilidade das atividades agrícolas, especialmente em regiões com escassez de água. Além de contribuir para a conservação dos recursos naturais, essas estratégias podem resultar em economia de custos para os agricultores e melhorar a resiliência das operações agrícolas diante das mudanças climáticas e das pressões crescentes sobre o abastecimento de água. O gerenciamento inteligente dos recursos hídricos é uma abordagem essencial para a agricultura moderna e sustentável, assegurando que a água continue sendo um recurso disponível para as gerações futuras.

Adicionalmente, apresentaremos estudos de caso de agricultores que já adotaram essas tecnologias com sucesso, compartilhando suas experiências e resultados alcançados. Também discutiremos os desafios que ainda precisam ser superados para uma ampla adoção dessas práticas, incluindo questões financeiras, capacitação técnica e conscientização dos agricultores.

Ao final deste capítulo, esperamos que os leitores tenham uma compreensão abrangente das tecnologias para conservação de água e irrigação inteligente disponíveis no mercado, e que estejam inspirados a implementar essas soluções em suas atividades agrícolas.

Acreditamos que a utilização responsável dos recursos hídricos é essencial para a sustentabilidade do agronegócio e para garantir o suprimento de alimentos para as gerações futuras.

Continue conosco na jornada pelas inovações tecnológicas na agricultura, e prepare-se para explorar os próximos capítulos que trarão mais insights sobre como a tecnologia está transformando o cenário agrícola atual. O futuro da agricultura inteligente e sustentável começa aqui!

Capítulo 9

Big Data na Análise de Dados Agrícolas

Como a análise de dados em larga escala está transformando o setor agrícola, impulsionando decisões mais inteligentes e estratégicas.

Vamos explorar a importância dessa tecnologia inovadora, seu uso na previsão de safras e tendências de mercado, bem como os benefícios que as plataformas de análise de dados agrícolas trazem para a gestão eficiente de toda a cadeia produtiva.

Nessa ilustração, podemos ver um agricultor moderno usando tecnologia de Big Data em suas operações diárias. Ele está segurando um tablet ou smartphone, que funciona como uma ferramenta de análise de dados em tempo real. Enquanto ele caminha pelo campo, o dispositivo está coletando e processando uma vasta quantidade de informações, como condições climáticas, teor de nutrientes no solo, estágios de crescimento das culturas e até mesmo dados de mercado.

Essa imagem ilustra a essência do capítulo, destacando a importância de utilizar o Big Data para a tomada de decisões inteligentes e informadas na agricultura. Mostra como as plataformas de análise de dados agrícolas permitem que os agricultores acessem informações valiosas que podem melhorar significativamente a produtividade, eficiência e lucratividade de suas atividades agrícolas.

Além disso, ao longo deste capítulo, vamos analisar em detalhes como o Big Data está impactando positivamente toda a cadeia produtiva do agronegócio. Desde a coleta de dados brutos até a transformação dessas informações em insights valiosos, veremos como as plataformas de análise de dados agrícolas estão permitindo a tomada de decisões mais assertivas e estratégicas.

Ao explorar a importância do Big Data na agricultura moderna, abordaremos também como a análise de dados está sendo aplicada na previsão de safras e tendências de mercado.

Veremos como os modelos preditivos, alimentados por grandes volumes de dados históricos e em tempo real, estão contribuindo para que os agricultores planejem suas plantações com maior precisão, reduzindo riscos e maximizando o retorno dos investimentos.

Não deixaremos de mencionar os diversos benefícios que as plataformas de análise de dados agrícolas trazem para os agricultores, as agroindústrias e o mercado agroalimentar como um todo. Desde a otimização do uso de recursos naturais até a identificação de oportunidades de negócios, essas soluções tecnológicas têm sido fundamentais para a evolução do setor agrícola e sua capacidade de enfrentar os desafios globais.

Além disso, exploraremos alguns casos de sucesso de agricultores e empresas que adotaram o Big Data em suas operações e colheram resultados significativos. Essas histórias inspiradoras demonstram como a análise de dados pode ser uma poderosa aliada para impulsionar a produtividade, eficiência e sustentabilidade no campo.

Ao concluir este capítulo, os leitores terão uma compreensão mais profunda de como o Big Data está transformando a agricultura moderna e como essas inovações tecnológicas têm o potencial de revolucionar ainda mais o setor no futuro. Com uma visão mais clara dos benefícios e oportunidades que o uso de análise de dados agrícolas proporciona, os agricultores estarão mais bem preparados para enfrentar os desafios do mercado e construir um futuro agrícola mais próspero e sustentável.

Esperamos que este capítulo do e-book seja uma fonte de inspiração para que os leitores explorem as possibilidades do Big Data na agricultura e busquem a adoção de soluções tecnológicas que permitam que eles alcancem todo o potencial de suas atividades agrícolas.

Capítulo 10

Bioeconomia e Biotecnologia no Agronegócio

Potencial da bioeconomia para o setor agrícola e o uso de biotecnologia para melhoramento de culturas e produção de bioinsumos

Neste capítulo abrangente, mergulharemos no emocionante mundo da bioeconomia e biotecnologia no agronegócio.

Exploraremos o vasto potencial que essas áreas oferecem ao setor agrícola, compreendendo como a bioeconomia está impulsionando a inovação e a sustentabilidade, e como a biotecnologia está transformando a forma como cultivamos nossas culturas e produzimos insumos agrícolas.

A combinação entre os elementos representa a sinergia entre a biotecnologia e a bioeconomia no contexto do agronegócio, enfatizando a importância dessas disciplinas para o futuro sustentável da agricultura.

Ao longo deste capítulo, examinaremos como a bioeconomia está promovendo a utilização responsável dos recursos biológicos, transformando subprodutos em novos produtos e bioprodutos valiosos, além de reduzir o desperdício.

A bioeconomia está promovendo a utilização responsável dos recursos biológicos por meio de estratégias inovadoras que transformam subprodutos e resíduos em novos produtos e bioprodutos valiosos, além de reduzir o desperdício no setor agrícola. Essa abordagem visa criar uma economia mais sustentável, na qual os recursos naturais são utilizados de forma eficiente e integrada, gerando benefícios ambientais, sociais e econômicos.

Uma das principais maneiras pelas quais a bioeconomia contribui para a utilização responsável dos recursos biológicos é por meio da chamada "economia circular". Nesse modelo, os subprodutos e resíduos gerados durante a produção agrícola ou agroindustrial são vistos como recursos valiosos que podem ser reaproveitados em outras etapas da cadeia produtiva. Em vez de serem descartados ou tratados como lixo, esses subprodutos são transformados em novos produtos ou insumos, criando um ciclo fechado e sustentável.

Por exemplo, a partir do processamento de produtos agrícolas, podem ser gerados resíduos como cascas, bagaços e restos de colheita. Na bioeconomia, esses subprodutos são valorizados e transformados em bioprodutos com aplicações diversas, como a produção de bioenergia, bioplásticos, alimentos para animais, fertilizantes orgânicos e produtos químicos sustentáveis.

Além disso, a bioeconomia incentiva o desenvolvimento de tecnologias inovadoras, como a biotecnologia, que permitem a utilização mais eficiente dos recursos biológicos. Por exemplo, a modificação genética de plantas pode melhorar a produtividade e resistência das culturas, reduzindo a necessidade de uso de agroquímicos e diminuindo os impactos ambientais.

A transformação de subprodutos em bioprodutos valiosos também contribui para a geração de novas oportunidades econômicas e empregos em setores emergentes. Ao criar novas cadeias de valor, a bioeconomia impulsiona a diversificação da economia rural, gerando renda para produtores e comunidades locais.

Em suma, a bioeconomia está impulsionando uma abordagem mais circular e sustentável para o agronegócio, onde a utilização responsável dos recursos biológicos é central para o desenvolvimento de soluções inovadoras. Essa transformação é essencial para a construção de um futuro agrícola mais resiliente, eficiente e em harmonia com o meio ambiente.

A biotecnologia desempenha papel crucial no desenvolvimento de variedades de culturas mais resistentes a doenças e condições climáticas adversas, bem como o uso de organismos geneticamente modificados (OGMs) para enfrentar desafios específicos no campo.

Além disso, apresentaremos exemplos concretos de bioprodutos e biomateriais que estão sendo aplicados na agricultura, desde biofertilizantes e biopesticidas até embalagens biodegradáveis e alimentos funcionais. Através desses casos de sucesso, entenderemos como a bioeconomia e a biotecnologia estão contribuindo para a construção de um setor agrícola mais eficiente, sustentável e inovador.

Abaixo estão alguns exemplos concretos de bioprodutos e biomateriais que estão sendo aplicados na agricultura, demonstrando como a bioeconomia e a biotecnologia estão contribuindo para tornar o setor agrícola mais eficiente, sustentável e inovador:

Biofertilizantes: Os biofertilizantes são produtos que fornecem nutrientes às plantas, mas são produzidos a partir de fontes biológicas, como microrganismos fixadores de nitrogênio e compostos orgânicos. Esses produtos ajudam a melhorar a fertilidade do solo de forma mais sustentável, reduzindo a dependência de fertilizantes químicos e minimizando a lixiviação de nutrientes para os corpos d'água.

Biopesticidas: Os biopesticidas são produtos naturais derivados de organismos vivos, como bactérias, fungos ou extratos de plantas, que são usados para controlar pragas e doenças em culturas agrícolas. Eles oferecem uma alternativa mais segura e menos prejudicial ao meio  ambiente em comparação aos pesticidas químicos tradicionais.

Embalagens Biodegradáveis: A bioeconomia está impulsionando o desenvolvimento de embalagens biodegradáveis feitas de materiais de origem biológica, como amido de milho, celulose ou bioplásticos. Essas embalagens podem se decompor naturalmente após o uso, reduzindo o acúmulo de resíduos plásticos no meio ambiente.

Alimentos Funcionais: A biotecnologia tem permitido o desenvolvimento de alimentos funcionais, que oferecem benefícios adicionais à saúde além de sua função nutricional básica. Por exemplo, alimentos enriquecidos com probióticos para melhorar a saúde intestinal ou alimentos ricos em antioxidantes para promover a saúde cardiovascular.

Enzimas Industriais: A biotecnologia tem fornecido enzimas industriais para a agricultura, que são usadas em processos de produção, como a produção de etanol a partir de biomassas, tratamento de efluentes agrícolas e aprimoramento da eficiência na indústria alimentícia.

Sementes Geneticamente Modificadas (OGMs): A biotecnologia agrícola também inclui sementes geneticamente modificadas (OGMs), que são projetadas para resistir a pragas, doenças e condições climáticas adversas. Essas sementes têm contribuído para aumentar a produtividade das culturas e reduzir as perdas na agricultura.

Esses exemplos ilustram como a bioeconomia e a biotecnologia estão trazendo inovações que melhoram a eficiência, a sustentabilidade e a competitividade da agricultura. Ao adotar essas soluções, o setor agrícola pode enfrentar desafios globais, como a segurança alimentar e a conservação do meio ambiente, enquanto busca uma produção agrícola mais responsável e de baixo impacto ambiental.

No contexto da bioeconomia, abordaremos a importância de aproveitar os recursos biológicos de forma responsável e eficiente. Exploraremos como os resíduos agrícolas podem ser transformados em novos produtos de alto valor, como bioplásticos, bioenergia e ingredientes nutricionais.

Abordaremos com mais detalhes o papel dos biocombustíveis e como a biotecnologia está revolucionando a agricultura:

Biocombustíveis na Redução das Emissões de Carbono e Incentivo à Agricultura Sustentável

Os biocombustíveis são uma das principais contribuições da bioeconomia para o setor agrícola, pois oferecem uma alternativa mais sustentável aos combustíveis fósseis. Eles são produzidos a partir de recursos biológicos renováveis, como óleos vegetais, grãos, cana-de-açúcar, entre outros. Ao substituir os combustíveis fósseis por biocombustíveis, é possível reduzir significativamente as emissões de gases de efeito estufa, contribuindo para a mitigação das mudanças climáticas.

Essa transição para biocombustíveis também tem implicações positivas para a agricultura sustentável. A produção de matérias-primas para biocombustíveis pode impulsionar o desenvolvimento de culturas energéticas, como a produção de etanol a partir da cana-de-açúcar ou biodiesel a partir de óleos vegetais. Isso estimula a diversificação das culturas agrícolas, reduzindo a dependência de monoculturas e promovendo a rotação de culturas, o que é benéfico para a saúde do solo e a biodiversidade.

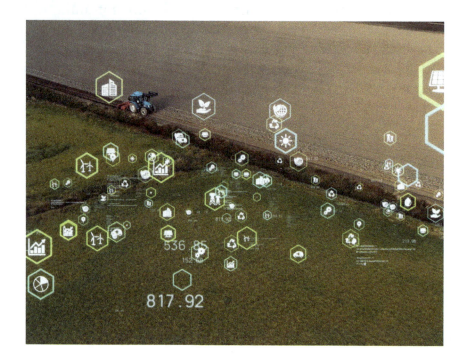

Biotecnologia Revolucionando a Agricultura

A biotecnologia desempenha um papel fundamental na transformação da agricultura moderna. Ela envolve o uso de técnicas de engenharia genética e melhoramento genético para desenvolver culturas com características específicas, como resistência a pragas, doenças e condições climáticas extremas.

Por meio da modificação genética, os cientistas podem inserir genes de resistência de uma espécie em outra, conferindo a essa cultura a capacidade de enfrentar ameaças biológicas. Por exemplo, é possível introduzir genes de uma variedade de milho resistente a determinada praga em outra variedade que é suscetível a essa praga, tornando-a mais resistente.

Além disso, a biotecnologia também está contribuindo para a melhoria da qualidade nutricional dos alimentos. Por meio da manipulação genética, é possível aumentar a concentração de nutrientes essenciais, como vitaminas e minerais, nas culturas agrícolas. Isso pode ajudar a combater a desnutrição em regiões onde há deficiências nutricionais.

Avanços em Edição Genética e Plantas Personalizadas

Os avanços na edição genética estão impulsionando ainda mais a revolução na agricultura. A técnica CRISPR-Cas9, por exemplo, permite aos cientistas modificar genes de forma mais rápida e precisa, abrindo novas possibilidades para o desenvolvimento de plantas personalizadas.

Com a edição genética, é possível criar culturas adaptadas a ambientes específicos, como plantas que toleram altas temperaturas ou resistem a períodos de seca. Além disso, a técnica possibilita a eliminação de genes indesejados ou alergênicos em culturas, melhorando a segurança alimentar e a qualidade dos produtos.

Através dessas técnicas, a biotecnologia está oferecendo soluções inovadoras para os desafios da agricultura, melhorando a produtividade, a eficiência e a resiliência das culturas. Essas abordagens personalizadas têm o potencial de atender às demandas específicas do mercado e contribuir para a construção de um setor agrícola mais sustentável e inovador no futuro.

fundamental abordar as preocupações éticas e ambientais associadas às abordagens da bioeconomia e biotecnologia no agronegócio para garantir uma análise completa de suas implicações. Embora essas tecnologias tenham o potencial de trazer benefícios significativos, também levantam questões importantes que precisam ser consideradas para uma adoção responsável.

Preocupações Éticas:

Uso Responsável da Engenharia Genética:
A modificação genética de culturas pode gerar preocupações éticas em relação à manipulação de genes. É importante garantir que as práticas de engenharia genética sejam realizadas com responsabilidade, transparência e respeito aos princípios éticos, evitando impactos negativos na saúde humana, no meio ambiente e na biodiversidade.

Patentes e Propriedade Intelectual: A biotecnologia pode levar à criação de culturas geneticamente modificadas patenteadas por empresas. Isso pode gerar debates sobre a propriedade intelectual de recursos naturais e sobre o acesso justo aos avanços científicos, especialmente em países em desenvolvimento.

Segurança Alimentar: A introdução de culturas geneticamente modificadas pode suscitar preocupações sobre a segurança alimentar. É importante garantir que essas culturas tenham passado por rigorosos testes de segurança antes de serem comercializadas e que não representem riscos para a saúde humana ou para o meio ambiente.

Preocupações Ambientais:
Resistência a Pragas e Doenças: A dependência excessiva de culturas geneticamente modificadas com resistência a pragas e doenças pode levar ao desenvolvimento de resistência nessas populações biológicas, criando superpragas ou superdoenças que se tornam mais difíceis de controlar.

Impacto nos Ecossistemas: A introdução de culturas geneticamente modificadas pode afetar os ecossistemas e a biodiversidade local. Polinizadores e outros organismos podem ser afetados pela exposição a pólen ou substâncias produzidas pelas plantas modificadas.

Contaminação Genética: Existe a possibilidade de que os genes modificados de culturas agrícolas sejam transmitidos para espécies silvestres relacionadas, resultando em contaminação genética e alterações imprevisíveis nos ecossistemas.

Uso Excessivo de Insumos: A dependência de biotecnologias para resistência a pragas e doenças pode levar ao uso excessivo de pesticidas e herbicidas, caso os agricultores não adotem práticas de manejo integrado de pragas.

Para garantir uma adoção responsável da bioeconomia e da biotecnologia no agronegócio, é essencial equilibrar os benefícios potenciais com a consideração cuidadosa dessas preocupações éticas e ambientais. Isso envolve a realização de pesquisas científicas rigorosas, o cumprimento de regulamentações adequadas, a implementação de práticas sustentáveis e a promoção de um diálogo aberto e inclusivo com todas as partes interessadas, incluindo agricultores, pesquisadores, organizações da sociedade civil e consumidores. Somente assim poderemos colher os benefícios dessas tecnologias de maneira ética, responsável e benéfica para a sociedade e o meio ambiente.

Esta evidente que a bioeconomia e a biotecnologia representam um caminho promissor para o agronegócio enfrentar os desafios crescentes de segurança alimentar, sustentabilidade e resiliência. No entanto, também discutiremos as preocupações éticas e ambientais associadas a essas abordagens, garantindo uma análise completa de suas implicações.

A bioeconomia e a biotecnologia estão transformando a agricultura, e que se sintam inspirados a considerar essas inovações em suas próprias atividades agrícolas para construir um futuro agrícola mais inteligente, mais verde e mais sustentável para as gerações futuras.

Capítulo 11

Desafios e Considerações Éticas das Tecnologias Agrícolas Introdução às Inovações Tecnológicas na Agricultura

Impactos sociais e ambientais do uso de tecnologia na agricultura e questões éticas

Adentraremos no intrigante universo dos desafios e

considerações éticas associados ao uso das tecnologias agrícolas. Abordaremos profundamente os impactos sociais e ambientais decorrentes da adoção de tecnologias no campo, as questões delicadas que envolvem a privacidade e a proteção da propriedade intelectual e as estratégias fundamentais para assegurar uma adoção responsável e sustentável dessas inovações.

Desafios éticos que permeiam o agronegócio moderno. De um lado, o progresso tecnológico pode gerar benefícios significativos para a produtividade e a sustentabilidade, mas também levanta questões sobre a justiça social e a equidade entre os diferentes atores do setor.

Do outro lado, a preservação das tradições e o respeito às comunidades rurais tradicionais são fundamentais para garantir uma agricultura mais inclusiva e culturalmente rica.

Por meio deste capítulo, buscaremos aprofundar nossa compreensão sobre os dilemas éticos enfrentados pelo agronegócio, buscando um equilíbrio entre a adoção de tecnologias inovadoras e a preservação dos valores humanos e ambientais.

É essencial aprofundar a compreensão sobre os dilemas éticos enfrentados pelo agronegócio moderno. Buscaremos explorar a necessidade de buscar um equilíbrio entre a adoção de tecnologias inovadoras e a preservação dos valores humanos e ambientais, garantindo que o progresso tecnológico seja orientado por uma abordagem ética e sustentável.

Diante das inovações tecnológicas no campo, os agricultores, pesquisadores, empresas e governos enfrentam um cenário complexo, onde avanços tecnológicos podem trazer benefícios significativos para a produtividade e a eficiência da agricultura, mas também levantam questões éticas cruciais que precisam ser consideradas.

Uma das principais preocupações é o impacto social das tecnologias agrícolas. A adoção de tecnologias pode alterar a dinâmica das comunidades rurais, afetando a distribuição de empregos, o modo de vida e a cultura local. É fundamental que as inovações sejam implementadas de forma a beneficiar os agricultores, trabalhadores rurais e as comunidades locais, garantindo que ninguém seja prejudicado pelas mudanças tecnológicas.

Além disso, a adoção de tecnologias pode ter implicações ambientais significativas. Embora muitas inovações busquem melhorar a eficiência e reduzir o uso de recursos naturais, também é importante considerar os possíveis efeitos negativos, como o uso indiscriminado de agrotóxicos, a perda de

70

biodiversidade e o esgotamento de recursos naturais essenciais. A busca por um equilíbrio deve envolver a implementação de práticas agrícolas sustentáveis que respeitem a capacidade de regeneração do meio ambiente.

Outra questão ética fundamental é a proteção da privacidade dos agricultores e o uso responsável dos dados coletados pelas tecnologias. A coleta e o compartilhamento de informações pessoais exigem políticas claras de privacidade e segurança, garantindo a confidencialidade e a proteção dos dados dos agricultores. Além disso, a propriedade intelectual de inovações tecnológicas deve ser protegida de forma justa e transparente, para que todos os envolvidos no processo sejam reconhecidos e recompensados adequadamente.

Para buscar esse equilíbrio entre inovação e valores humanos e ambientais, é fundamental promover uma abordagem multidisciplinar e colaborativa. A participação ativa de diversos atores, incluindo agricultores, pesquisadores, representantes da sociedade civil, empresas e governos, é crucial para a construção de uma visão compartilhada do desenvolvimento agrícola ético e sustentável.

O diálogo aberto e inclusivo, a análise crítica das inovações e a adoção de políticas públicas responsáveis são algumas das estratégias que podem contribuir para essa busca do equilíbrio ético. Somente através de um esforço conjunto e consciente, podemos construir um futuro agrícola que valorize a tecnologia, mas também preserve os valores humanos e ambientais, assegurando uma agricultura ética, sustentável e próspera para as gerações presentes e futuras.

Abordaremos soluções e estratégias que permitam uma coexistência harmoniosa entre a modernidade tecnológica e as tradições culturais, resultando em um setor agrícola mais ético, sustentável e equitativo.

Para alcançar uma coexistência harmoniosa entre a modernidade tecnológica e as tradições culturais no setor

agrícola, é essencial implementar soluções e estratégias que valorizem tanto o progresso tecnológico quanto a preservação das práticas culturais e valores humanos. Abaixo estão algumas das principais abordagens que podem contribuir para um setor agrícola mais ético, sustentável e equitativo:

Diálogo e Engajamento Comunitário: Promover um diálogo aberto e inclusivo entre os diferentes atores envolvidos na agricultura, incluindo agricultores, comunidades rurais, pesquisadores, empresas e governos. O engajamento comunitário é fundamental para entender as necessidades e preocupações locais, permitindo que as tecnologias sejam adaptadas de forma a respeitar as tradições e valores culturais de cada região.

Capacitação e Educação: Investir em programas de capacitação e educação que proporcionem aos agricultores e

trabalhadores rurais habilidades para a utilização responsável das tecnologias. Isso inclui fornecer treinamentos sobre o uso adequado de equipamentos, a interpretação de dados coletados e as melhores práticas agrícolas sustentáveis.

Desenvolvimento de Tecnologias Adaptadas: Incentivar a pesquisa e o desenvolvimento de tecnologias agrícolas que sejam adaptadas às necessidades específicas de diferentes comunidades e culturas. Isso pode envolver o desenvolvimento de soluções acessíveis e de fácil utilização, bem como o respeito às práticas tradicionais.

Integração de Conhecimentos Tradicionais: Reconhecer e valorizar o conhecimento tradicional dos agricultores e das comunidades rurais. A integração desses conhecimentos com as inovações tecnológicas pode levar a abordagens mais sustentáveis e eficientes para a agricultura.

Certificações e Selos de Sustentabilidade: Incentivar a adoção de certificações e selos de sustentabilidade para garantir que as práticas agrícolas respeitem padrões éticos e ambientais. Essas certificações podem ser um guia para os consumidores e também motivar os produtores a adotarem práticas mais sustentáveis.

Incentivos e Políticas Públicas: Implementar políticas públicas que incentivem práticas agrícolas sustentáveis e éticas, como linhas de crédito com juros baixos para agricultores que adotem tecnologias mais limpas e apoio a projetos que preservem a biodiversidade e a cultura local.

Monitoramento e Avaliação Contínua: Estabelecer mecanismos de monitoramento e avaliação para acompanhar o impacto das tecnologias no campo. Isso permite corrigir possíveis desvios e garantir que as práticas agrícolas sejam ajustadas de acordo com os resultados obtidos.

Parcerias Público-Privadas: Estabelecer parcerias entre governos, setor privado e organizações não governamentais para colaborar na promoção de uma agricultura mais ética e sustentável. A colaboração pode impulsionar o desenvolvimento e a disseminação de tecnologias adequadas para diferentes contextos.

Ao adotar essas estratégias, é possível buscar um equilíbrio ético entre a modernidade tecnológica e as tradições culturais, resultando em um setor agrícola mais ético, sustentável e equitativo. A coexistência harmoniosa entre a inovação tecnológica e os valores humanos e ambientais é essencial para garantir um futuro promissor para a agricultura, preservando a diversidade cultural, a riqueza ambiental e o bem-estar das comunidades rurais.

É fundamental compreender os impactos sociais e ambientais que essas inovações podem acarretar.

Analisaremos de forma abrangente os efeitos nas comunidades rurais, nos trabalhadores do campo e nos ecossistemas, buscando entender como as tecnologias podem influenciar positiva ou negativamente esses aspectos fundamentais.

A análise abrangente dos efeitos das tecnologias agrícolas nas comunidades rurais, nos trabalhadores do campo e nos ecossistemas é essencial para compreender o impacto dessas inovações no setor agrícola. As tecnologias podem influenciar esses aspectos fundamentais de forma positiva ou negativa, dependendo de como são aplicadas e quais são as considerações éticas envolvidas. A seguir, apresento uma análise desses efeitos:

Comunidades Rurais:

Impactos positivos: Tecnologias agrícolas podem aumentar a produtividade e a eficiência, o que pode resultar em maior renda para os agricultores e nas comunidades rurais como um todo. Isso pode impulsionar o desenvolvimento econômico local, melhorar o acesso a recursos e serviços, e aumentar a qualidade de vida.
Impactos negativos: A adoção de tecnologias também pode gerar desigualdades sociais, especialmente se agricultores com menos recursos financeiros não tiverem acesso às inovações. Além disso, a dependência excessiva de tecnologias específicas pode aumentar a vulnerabilidade das comunidades a falhas no sistema ou mudanças no mercado, impactando negativamente a segurança alimentar.

Trabalhadores do Campo:

Impactos positivos: Tecnologias podem tornar as atividades agrícolas mais eficientes e menos árduas, reduzindo a

necessidade de trabalho físico extenuante. Isso pode melhorar as condições de trabalho e aumentar o conforto e a segurança dos trabalhadores.

Impactos negativos: Em alguns casos, a automação e a robotização podem levar à substituição de mão de obra humana por máquinas, resultando em perda de empregos no campo. Isso pode impactar negativamente a renda e o bem-estar dos trabalhadores rurais, exigindo medidas de capacitação e requalificação.

Ecossistemas:

Impactos positivos: Tecnologias agrícolas sustentáveis, como agricultura de precisão e irrigação inteligente, podem reduzir o uso de recursos naturais, minimizar o desperdício e a poluição, e contribuir para a conservação dos ecossistemas.

Impactos negativos: Por outro lado, o uso excessivo de insumos químicos e a falta de controle no uso de tecnologias podem causar danos ambientais significativos, como contaminação do solo e da água, redução da biodiversidade e perda de habitats naturais.

Em suma, a influência das tecnologias agrícolas nas comunidades rurais, trabalhadores do campo e ecossistemas é multifacetada, apresentando tanto efeitos positivos quanto desafios a serem enfrentados. A chave para maximizar os benefícios e minimizar os impactos negativos é uma abordagem ética e responsável na adoção e implementação das tecnologias. Isso envolve a consideração das necessidades das comunidades locais, o respeito à cultura e conhecimento tradicional, a promoção da equidade e a busca por práticas agrícolas sustentáveis que protejam os ecossistemas e a biodiversidade. Ao adotar essa abordagem, podemos trabalhar em direção a um setor agrícola mais ético, sustentável e equitativo, que beneficie a sociedade como um todo.

É importante um diálogo aberto e inclusivo entre os envolvidos no setor agrícola, onde são considerados os impactos sociais, ambientais e éticos das inovações tecnológicas.

Por meio deste capítulo, buscamos promover uma reflexão crítica e aprofundada sobre as implicações éticas das tecnologias agrícolas, estimulando a conscientização e o engajamento em busca de soluções responsáveis para os desafios enfrentados pelo agronegócio moderno. Acreditamos que uma abordagem ética, aliada ao progresso tecnológico, pode conduzir a um futuro agrícola mais justo, sustentável e benéfico para toda a sociedade.

Capítulo 12

Conclusão

Introdução às Inovações Tecnológicas na Agricultura

Ao longo deste e-book, exploramos o empolgante mundo das inovações tecnológicas na agricultura e seu impacto transformador no setor agrícola. Desde a adoção de inteligência artificial, IoT e agricultura de precisão até a integração de drones, robótica e sensoriamento remoto, testemunhamos a revolução que está moldando o futuro da agricultura.

Ficou claro que as inovações tecnológicas têm o poder de otimizar processos, aumentar a produtividade e melhorar a sustentabilidade no campo. Os benefícios são inegáveis: maior eficiência no uso de recursos, melhor tomada de decisões agrícolas, menor impacto ambiental e aprimoramento da qualidade dos produtos. O potencial para impulsionar o agronegócio brasileiro e elevar o país a um papel de destaque no cenário global é imenso.

Contudo, também reconhecemos os desafios e considerações éticas que acompanham o uso dessas tecnologias. A coexistência harmoniosa entre a modernidade tecnológica e as tradições culturais, a proteção da privacidade dos agricultores e a preservação dos ecossistemas são aspectos cruciais que demandam uma abordagem responsável.

Para garantir um desenvolvimento agrícola ético, sustentável e equitativo, é essencial promover a conscientização e o diálogo entre os diferentes atores do setor. Agricultores, pesquisadores, empresas, governos e a sociedade civil devem colaborar para garantir que as inovações sejam aplicadas de forma inclusiva, respeitando a diversidade cultural e as particularidades regionais.

Além disso, o investimento em capacitação e educação é fundamental para capacitar os agricultores a aproveitarem ao máximo as tecnologias disponíveis, tornando-os protagonistas de suas jornadas rumo à agricultura do futuro.

Como conclusão, reconhecemos que a busca pela excelência tecnológica na agricultura deve estar alinhada com a preservação de valores humanos e ambientais. Acreditamos que

a inovação é um poderoso aliado para enfrentar os desafios da produção de alimentos em escala global, mas também enfatizamos a importância de uma abordagem ética e consciente.

O caminho para uma agricultura mais inteligente, sustentável e próspera está em nossas mãos. Ao adotarmos tecnologias inovadoras com responsabilidade, respeito e colaboração, poderemos colher os frutos de um setor agrícola que promova o bem-estar das comunidades rurais, a conservação do meio ambiente e a segurança alimentar para as gerações futuras.

Agradecemos a você, leitor, por nos acompanhar nesta jornada de descobertas e reflexões sobre as Inovações Tecnológicas na Agricultura. Que este e-book inspire ações positivas e contribua para um futuro agrícola promissor e sustentável. Juntos, podemos cultivar um mundo melhor através da tecnologia e da ética na agricultura.

Autoria

Com uma paixão genuína pela tecnologia e pela inovação aplicadas a diversos campos, o autor Guilherme Duaik é um profissional pós-graduado em segurança da informação e tecnologia em nuvem. Seu compromisso em aprimorar constantemente seus conhecimentos o levou a investir tempo valioso em pesquisas focadas na interseção da tecnologia com a agricultura.

Com uma base sólida de conhecimento em segurança da informação e uma expertise notável em tecnologia em nuvem, ele traz uma perspectiva única e informada para as complexidades dessa convergência. Seu desejo de compreender e explorar como as inovações tecnológicas estão moldando o setor agrícola é um testemunho de seu comprometimento em unir duas áreas aparentemente distintas.

Sua abordagem metódica e dedicação à pesquisa resultam em uma contribuição valiosa para este livro, que oferece uma visão mais clara das possibilidades e desafios que a tecnologia traz para a agricultura. Com cada página, você perceberá o zelo e o entusiasmo do autor ao desvendar os aspectos mais profundos desse casamento entre tecnologia e agricultura.

Ebook produzido pela Techbook Insights Livros eletrônicos e ensino sobre Tecnologia da Informação e inovação.

Redes sociais

@techbookinsights
@guilhermeduaik
Facebook.com/techbookinsights

www.ingramcontent.com/pod-product-compliance
Lightning Source LLC
LaVergne TN
LVHW051740050326
832903LV00023B/1025